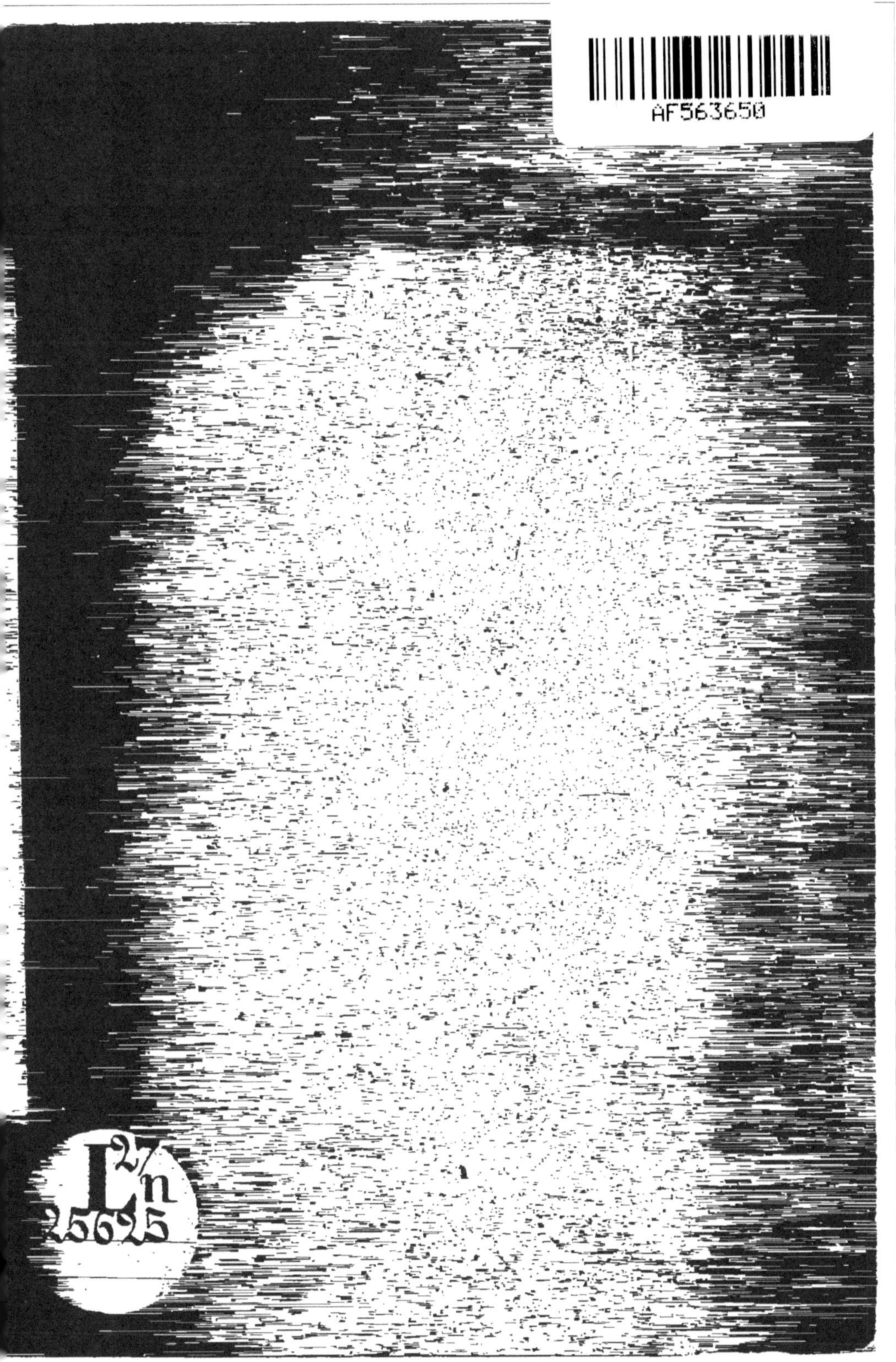

M. L'ABBÉ MACEROUZE

NOTICE

SUR

LA VIE DE M. MACEROUZE

CURÉ DE BERGERAC,

PAR

l'abbé JAUBERT, ch. h.re,

AUMONIER DE L'HOPITAL.

BERGERAC

IMPRIMERIE TYPOGRAPHIQUE DE FAISANDIER.

1870.

Prévenu bien tard pour ce petit travail, nous nous sommes hâté de rappeler nos souvenirs et de nous mettre à l'œuvre. Cette notice, si on avait pu lui consacrer un plus long temps, aurait gagné au double point de vue du fond et de la forme; mais elle aurait perdu tout son mérite d'actualité et d'opportunité, le seul, du reste, qu'elle puisse avoir à nos yeux.

A. J.

Bergerac, le 3 février 1870.

M. L'ABBÉ JUSTIN MACEROUZE

CURÉ DE BERGERAC.

Habentes mysterium fidei in conscientiâ purâ. (Saint Paul, I, ad Tim. III, 9.)

Quand une vie de soixante-douze ans s'est passée tout entière à faire le bien ; quand cette vie a renfermé, selon les paroles de saint Paul, qui semblent la résumer, un mystère, un abîme de foi dans une conscience pure ; quand le livre de cette vie a été écrit, page par page, en plein soleil, sous les yeux de tous, que reste-t-il à celui qui entreprend de la raconter, sinon de dire à ceux qui en ont été les témoins : « Je viens vous aider à rappeler vos souvenirs ! »

Il faudrait des volumes entiers pour dire, même sommairement, la puissante action qu'exerça pendant quarante ans, dans un rayon très-étendu, cet homme de Dieu, cet apôtre, ce pasteur, ce missionnaire, cet orateur éloquent entre tous. De cette vie si pleine nous ne dirons que quelques traits, nous en rapportant aux pieuses traditions de la famille qui vient de perdre un père, pour compléter et reprendre un tableau trop imparfait.

I.

Jean-Baptiste-Justin Macerouze naquit à Tuilières, près Mouleydier, d'une famille honorable et estimée, en 1798. La France était encore sous l'impression de l'horrible tourmente qui venait de passer sur elle. Les prêtres, longtemps persécutés, proscrits, exilés, rentraient sur le sol de la patrie comme ces oiseaux qui, chassés par l'orage, regagnent leur nid après la tempête. Les types vénérables de ces anciens du sacerdoce sont encore présents à la mémoire de ceux, bien rares, qui les virent alors, courbés par les années, avec une couronne de cheveux blancs, portant avec eux comme les parfums des anciens âges. Le jeune Justin fut, plus que tout autre, impressionné à l'aspect vénérable de ces confesseurs de la foi, il nous l'a souvent répété, et leur vue fut peut-être le germe qui fit éclore dans son âme la vocation qui le poussa vers le sanctuaire. Il est vrai qu'une mère pieuse avait déjà jeté la première semence de la foi et des vertus chrétiennes dans ce terrain préparé d'avance, et l'on sait quelle est la puissance d'action d'une mère sur le cœur de ses enfants, surtout dans les premières années.

La société était loin de s'enthousiasmer encore pour la religion et ses saintes pratiques. On était dans l'ère de la gloire militaire et conquérante..... L'éducation était toute militaire; dans les pensionnats, les colléges, les établissements divers, le son du tambour avait remplacé la cloche réglementaire et appelait la jeunesse, peu studieuse alors, à l'étude, aux classes, aux exercices de la journée. Les noms d'Austerlitz, de Friedland, de Wagram, d'Iéna, d'Eylau, *portés sur les ailes de la victoire*, faisaient battre toutes les poitrines, enflammaient tous les cœurs, électrisaient toutes les âmes. Des jeunes gens, des enfants volaient sous les drapeaux, avides de cette gloire dont l'écho venait jusqu'à eux.

Le jeune Maccrouze rêvait déjà d'autres combats, d'autres victoires, d'autres conquêtes... Il voulait être un *bon soldat du Christ!* Il ambitionnait, lui, les conquêtes pacifiques de la croix, les combats contre l'irréligion et l'erreur, le triomphe de la vérité par la puissance de la parole évangélique; il voyait *ces plaines blanches d'épis auxquelles manquaient les moissonneurs*... Impatient comme Xavier, il appelait de ses vœux le moment où il lui serait donné de gagner des âmes à Jésus-Christ.

A la Mission de Bergerac, où il fit ses premières études, au Séminaire de Sarlat, où il termina ses humanités et son cours de rhétorique, il se fit remarquer par l'aménité de son caractère et la bonté de son cœur. Il avait gardé du personnel de ces deux établissements des amitiés solides et des souvenirs qu'il rappelait avec complaisance. Entré au grand séminaire d'Angoulême, qui était le séminaire diocésain de la Dordogne, car Périgueux n'avait pas encore d'évêque, il eut à lutter contre les aridités de la philosophie enveloppée encore alors dans les formes surannées de la scholastique. Son imagination ardente s'accommodait peu de ce bagage embarrassant dont les termes barbares (le bon sens en a fait depuis justice), l'arrêtaient en l'étonnant. Mais sa facilité admirable d'élocution s'était fait jour ; le don de la parole lui était déjà familier. Bossuet s'était fait entendre de bonne heure, dans une réunion profane, chez le prince de Condé ; lui se montra bien jeune dans la chaire chrétienne, dans l'assemblée des fidèles, prêchant avec autorité, envoyé par ses supérieurs quoiqu'il ne fût encore que simple lévite. Une dame d'une rare piété et d'une intelligence supérieure nous disait naguère qu'elle se rappelait parfaitement qu'arrivant à Angoulême, où elle allait faire son éducation, elle put juger, quoique tout enfant alors, de l'impression qu'avait produite le jeune séminariste. Il venait de partir pour Saint-

Sulpice, et la ville entière était dans l'émotion. L'admiration et les regrets se manifestaient librement dans tous les rangs de la société, dans l'échoppe de l'ouvrier comme dans le salon aristocratique : c'est que chacun avait compris quel jour éclatant annonçait cette aurore, quels fruits abondants et délicieux faisait prévoir un printemps si fleuri.

Ce n'est pourtant qu'au séminaire de St-Sulpice, où il alla étudier sous l'habile direction de maîtres dont la réputation était partout répandue, qu'on put apprécier pleinement et la richesse d'imagination et la haute raison, et le jugement solide du jeune étudiant. Là, il s'adonna avec ardeur à l'étude des différentes sciences qui constituent la science des sciences, la théologie, se hâtant de faire une complète récolte, comme s'il eût vu, par une espèce de prévision et d'intuition providentielle, que sa vie, toujours occupée, toujours militante, ne lui laisserait plus désormais le loisir des études tranquilles. Ce n'est pas qu'il ait jamais négligé la lecture des auteurs sacrés, même au plus fort des préoccupations de son ministère pastoral ; bien des fois, au contraire, soit dans les conversations privées, soit dans les conférences ecclésiastiques, il nous a étonnés par la longueur et l'exactitude de ses citations, empruntées aux différents écrivains, mais principalement à saint Paul et à Bossuet, qui étaient ses auteurs favoris et qu'il étudiait avec amour.

Sous la direction des hommes éminents qui ont donné, comme nous venons de le dire, à la congrégation de Saint-Sulpice, une réputation si haute et si bien méritée, il travailla avec cette ardeur de la force qui se connaît, qui s'apprécie et qui est certaine de parvenir à son but. Et son but, on le sait déjà, était la diffusion de la vérité, la direction des consciences, le salut des âmes.

Il fut chargé, conjointement avec M. l'abbé Mathieu, aujourd'hui cardinal-archevêque de Besançon, et d'autres condisciples d'une haute valeur intellectuelle, devenus depuis des hommes considérables par leurs talents et leur position, de ces catéchismes de persévérance qui eurent à la paroisse de Saint-Sulpice un si grand retentissement et une réputation si étendue! Etre catéchiste à la paroisse de Saint-Sulpice était une note de talent, de science et de prudence, de telle sorte que ceux qui étaient investis de cette mission de confiance, passaient, à juste titre, pour les meilleurs élèves à tous les points de vue, et que la fonction de catéchiste était l'objet de la noble ambition de tous. Le catéchisme de persévérance primait naturellement tous les autres, car il supposait les conditions indiquées dans une plus grande mesure. Ce catéchisme, institué pour retenir dans le devoir et la piété les jeunes personnes qui avaient fait la première communion, attirait une réunion nombreuse, admettant tous les âges. « Nous avions dans notre auditoire, nous a dit quelquefois en souriant notre bon curé, *une jeune demoiselle de quatre-vingts ans*. Le catéchiste fut aussi nommé *conférencier*, c'est-à-dire répétiteur, dans l'intervalle des classes, des matières étudiées pendant les cours spéciaux de théologie dogmatique et morale, d'Ecriture-Sainte et d'exégèse, honneur aussi très-ambitionné.

Mais nous n'avons sur cette période que des notions vagues, obscurcies par l'éloignement de la distance et des années. De ces choses nous n'avons pas été les témoins, nous devons donc nous arrêter ici.

L'abbé Macerouze fut fait sous-diacre et diacre à Saint-Sulpice; mais c'est à Bergerac, en 1822, dans l'église de Saint-Jacques, qu'il reçut l'onction sacerdotale des mains de Monseigneur de Lostanges, monté depuis peu sur le siége épiscopal de St-Front. Immédiatement après son ordination, il fut nommé supérieur du petit séminaire qui venait de se fonder dans notre ville. Le petit séminaire jeta, sous sa direction un éclat que n'ont pas fait oublier ses plus florissantes années. Sans entrer dans aucun détail, nous nous bornerons à dire que sur vingt-deux élèves de la classe supérieure de la première année, dix-huit ont été prêtres. Un an après (1823), il fut placé à la tête de l'importante paroisse qu'il a gouvernée pendant quarante-sept ans, avec le zèle qu'on connaît, zèle qui a porté les fruits de bénédiction et de vie qui nourriront encore, nous en avons la ferme confiance, la génération qui s'élève. Car c'est le propre d'une mémoire sainte de se perpétuer, comme ces parfums suaves qui embaument longtemps de leurs douces odeurs les corps avec lesquels ils ont été en contact.

II.

Après sa nomination à la cure de Bergerac, il ne resta pas longtemps supérieur du Petit-Séminaire. M. l'abbé Villaud, notre confrère et notre ami, lui succéda dans cette charge importante et la remplit avec la prudence et le talent qui le distinguent.

Bergerac n'était pas alors pour la piété ce qu'il s'est montré depuis... Certes, il ne nous conviendrait pas de médire de notre chère ville, même dans son passé. Mais la vérité, l'impartialité nous font un devoir de proclamer que, malgré la sainteté et l'ardeur des pieux pasteurs (1) qui l'avaient dirigée, elle était loin de présenter le spectacle consolant de la

(1) M. Bournazel, qui mourut du typhus, la maladie des Espagnols, comme on la nommait ici, qu'il avait contractée en confessant et soignant les prisonniers internés à Bergerac; M. Lasserre, qui succéda à son frère aîné et qui laissa la cure de Bergerac pour le vicariat général du diocèse; et M. Brugère, qui resta un an à peine à la tête de la paroisse.

grande majorité de sa population accomplissant ses devoirs religieux. Les offices du soir étaient peu fréquentés; le tribunal sacré de la pénitence n'était pas entouré, comme de nos jours, surtout à la veille de nos grandes solennités, de cette couronne si pressée de fidèles sollicitant la grâce de la réconciliation; la Table sainte était loin d'offrir aux regards édifiés cette nombreuse affluence d'âmes affamées du pain eucharistique. On pouvait facilement comprendre que si des jours mauvais avaient passé sur la France, ce bouleversement social et religieux laissait encore chez nous des traces profondes et regrettables.

Le jeune pasteur mesura d'un coup-d'œil le travail et la peine : il vit que ce travail et cette peine n'étaient pas au-dessus d'une foi vive et d'une lutte ardente; il y trouva au contraire un motif de plus de se dévouer..., et il se dévoua. Aidé par de jeunes vicaires auxquels il avait soufflé son ardeur, et qui avaient mis leur zèle au service de son zèle, lui les aidant, les stimulant, les pressant, il en vint à renouveler la face de la paroisse. Comme cette puissante roue des grandes machines, si l'on veut nous pardonner cette comparaison, qui donne l'impulsion à tout le système, il animait, il activait le mouvement général. Et c'était par son exemple plutôt que par ses paroles que son action se faisait sentir.

Levé dès quatre heures du matin, le premier à

l'ouvrage, le dernier à quitter le travail, il trouvait dans sa constitution solide et robuste une force dont il a peut-être quelquefois abusé. Pendant tout le temps de son ministère pastoral, pendant quarante-sept années consécutives, sauf des exceptions infiniment rares commandées par les circonstances, il a toujours fait le prône, à la première messe; et bien souvent à la messe paroissiale de 9 heures, et à la dernière, de 11 heures, voulant que chacun de ses enfants eût un fragment de ce pain de la parole qu'il leur distribuait avec une si grande libéralité. Il faisait aussi lui-même le catéchisme, dont il réduisait les réponses aux formules les plus simples et les plus brèves, sachant que les enfants retiendront plutôt vingt mots que cent, et que leur mémoire, peu surchargée, aura moins d'efforts à s'imposer. Nous voulons dire un mot de son *Guide de la Jeunesse* ou *Manuel de Piété*, qu'il composa alors (1828) au courant de la plume, pour cette jeune génération qui avait tout son amour. Ce petit ouvrage, qu'il fit tirer à quatre mille exemplaires, fut bientôt épuisé. (1) On n'a pas assez connu ce Manuel, on ne l'a pas apprécié à sa véritable valeur. Nous venons de le relire... L'onction et la piété s'y font sentir d'un bout à l'autre; l'émotion que dut éprouver le jeune pasteur

---

(1) Nous savons que M. Faisandier va donner une autre édition de cet opuscule.

en l'écrivant, surtout quand il touche à l'Eucharistie, gagne le lecteur ; nous y avons trouvé le charme d'une lecture pleine de grâce et de fraîcheur. C'est bien pensé, bien senti, bien rendu. Les ardeurs de la foi vive s'y révèlent, le cœur paternel et tendrement inquiet s'y manifeste, la voix autorisée du pasteur s'y fait entendre. C'est une source limpide qui surabonde, s'épanche et coule avec de doux et mélodieux murmures.

Vers la même époque (nous ne pouvons préciser la date), plein d'une inquiète sollicitude pour les âmes des jeunes gens confiés à ses soins, voulant les arracher aux dangers de l'oisiveté et des passions mauvaises, il avait loué pour eux, rue St-Martin, un emplacement considérable, un vaste jardin où il les réunissait, chaque dimanche, après vêpres, pour la promenade, les douces confabulations, les exercices du corps, les amusements divers de cet âge. Là, leur consacrant ses quelques heures de loisir, se mêlant à leurs jeux, les excitant par son exemmple, il les arrachait aux funestes attraits des compagnies compromettantes. Cet établissement ne remplit que d'une manière incomplète le but qu'il s'était proposé ; après trois ans, il était fermé. Mais le pasteur eut devant Dieu le mérite de cette tentative et du bien momentané et restreint qui en fut le résultat. Où et quand les conseils de la sagesse ont-ils longtemps prévalu sur les sollicitations des passions ou de l'erreur ? Revenons à son ministère d'apôtre. Le travail qu'il avait fini chez lui, il l'acceptait ailleurs avec une ardeur généreuse, et il n'est peut-être pas une église dans l'arrondissement à laquelle il n'ait porté le tribut de son zèle, et prêté le secours de sa parole. Le trop plein de son exubérante vie, il le versait à flots, il le dépensait au profit des âmes des contrées environnantes.

Des missionnaires zélés avaient depuis peu sillonné le diocèse sans réveiller la foi endormie dans les consciences, sans produire ces résultats puissants qui transforment et régénèrent les populations. Il se fit missionnaire à son tour. Une retraite, une station, une première communion, une solennité quelconque se préparait-elle dans quelque localité de l'arrondissement ? C'est au curé de Bergerac qu'on pensait, c'est au curé de Bergerac qu'on s'adressait; et lui, sans calculer ses forces, n'écoutant que son zèle, ne consultant que son cœur, acceptait, promettait, se dévouait. On l'a vu bien souvent prêcher cinq et six fois dans la même journée, sentant se multiplier ses forces à mesure que se multipliait le travail, et se ranimer sa vigueur, — comme ce géant de la fabuleuse antiquité, — lorsqu'il touchait ce sol qui lui était si familier.

III.

Que dire de sa charité? « Le bon pasteur connaît ses brebis et ses brebis le connaissent. » Aussi il les connaissait toutes et de toutes il était connu. Dans le cours de son ministère, que de douleurs n'a-t-il pas calmées, que d'afflictions n'a-t-il pas consolées, que de peines n'a-t-il pas partagées et adoucies! Apprenait-il qu'un accident imprévu, un malheur inopiné était venu frapper un de ses enfants, il courait auprès de lui, gémissait avec lui, l'étreignait dans ses bras paternels et relevait son courage abattu. — Il était au chevet du malade et du moribond, lui parlant des années éternelles et des douces joies de la vie future; auprès du berceau vide de l'enfant nouveau-né, ranimant, reconfortant le père et la mère et leur promettant qu'ils reverraient, à la lueur du jour éternel, le petit ange envolé; il partageait la veillée funèbre de la famille qui venait de perdre un père et un soutien. Ah! qu'il en est de ces familles frappées au plus intime de leur cœur qu'il a ramenées à la sérénité d'une soumission et d'une acceptation méritoires!

Pour les pauvres, il les aimait, il les assistait, il les soulageait, il leur aidait à supporter leur misère. A ceux qui voulaient s'occuper, il fournissait les moyens de gagner leur pain de chaque jour, ce qui est la meilleure manière de soulager l'indigence. Dans le principe, il donnait peut-être trop sans discernement, sans calcul, sans examen ; aussi des nuées avides de ces parasites qui voudraient le bien-être sans le travail, l'existence douce sans le labeur des mains, accourus de tous points de l'horizon, l'avaient circonvenu. A chaque instant, il était entouré, harcelé, excédé, exploité! Si certains faits qu'on a racontés sont authentiques, et nous avons quelques raisons de les croire tels, il dut plusieurs fois se repentir de sa bienfaisance trop crédule et accuser son cœur de l'avoir mal conseillé. Plus tard, quand il voulut se réduire, modérer, diriger ses dons (il lui fallait cette épreuve pour augmenter son mérite), il fut taxé de parcimonie, on calcula ses ressources, on supputa ses revenus... et comme la main qui donnait se cachait avec soin, le mot d'*avarice* fut prononcé... nous l'avons entendu! Pourquoi ne le dirions-nous pas puisque nous voyons dans la vie des saints et des hommes qui appartiennent à l'histoire, que les vertus par lesquelles ils ont le plus brillé ont été souvent celles qui leur furent le plus obstinément refusées; pourquoi ne le dirions-nous pas, puisque nous savons que la calomnie et l'esprit de dénigrement s'attaquent bien des fois à ceux qui sembleraient devoir être le plus à l'abri de leurs coups.

Le curé de Bergerac, avare! Autant vaudrait dire que notre Dordogne est avare de ses eaux quand elle coule à pleins bords; que nos belles campagnes sont avares quand elles livrent aux moissonneurs les riches trésors de leurs sillons; que nos coteaux sont avares quand les pampres de leurs vignobles plient sous le poids de la vendange. Non, mille fois non, il ne fut pas avare notre pasteur, et toutes les âmes honnêtes s'associeront à notre protestation indignée! Non, il ne fut pas avare, ni dans son âge mûr, ni dans sa vieillesse, pas plus que le soleil n'est avare de ses rayons à son coucher comme à son midi.

Il est vrai qu'il régla, qu'il modéra ses aumônes, mais par la raison que des sources abondantes s'étaient successivement taries, par la raison qu'il avait compris, selon l'oracle de la sagesse éternelle, que s'il est beau de secourir l'indigent et le pauvre, il est encore plus beau de le *secourir avec intelligence.*

Du reste, ses œuvres sont là pour protester à leur manière : nous ne voulons qu'indiquer, sans développement et sans commentaire, l'établissement dans notre ville des Frères des Ecoles chrétiennes, de l'Orphelinat, du couvent des Carmélites, de la Maison des Vieillards, de la Propagation de la Foi, de la Ste-Enfance, de la Société de St-Vincent-de-Paul, du Bureau de Bienfaisance, toutes œuvres qui, si elles ne partent pas uniquement de son initiative, ont été par lui acceptées, protégées, favorisées de sa parole, de son action, de sa sollicitude, et par dessus tout, de ses dons. Le noviciat de Ste-Marthe et la maison des Capucins, à Périgueux, pourraient dire si sa main bienfaisante savait s'étendre, à l'occasion, au-delà des limites de notre arrondissement. C'est lui qui a jeté dans notre sol fertile et productif, ce grain de sènevé, la Maison du Sauveur, si humble et si petit d'abord, mais qui a pris depuis les proportions d'un grand arbre, et qui a vu tant d'oiseaux du ciel venir s'abriter sous son ombrage. Pour la construction et l'ornementation de la belle et splendide basilique de Notre-Dame, il a versé à lui seul la somme importante de trente mille francs ; pour la restauration, si complète et si bien entendue de l'église de St-Jacques, il a donné sans compter, et sa générosité s'est montrée jusqu'à la fin inépuisable. Ce qu'il laisse après lui, et la manière dont il l'a distribué, prouve jusqu'à l'évidence que si, dans l'espace de quarante-sept ans qu'il est resté à la tête d'une paroisse considérable, il a rassemblé un pécule plus que modeste, les pauvres ont toujours été l'objet de sa sollicitude pendant sa vie et même après sa mort.

Sa foi était vive, son amour ardent, son humilité profonde. Chaque matin, levé dès l'aube ou avant le jour, selon la saison, il retrempait son âme dans la prière et faisait sa méditation, comme à Saint-Sulpice, nourrissant par l'oraison cette foi dont toute sa vie a été le témoignage et, pour ainsi parler, la traduction éclatante. Cette foi se manifestait par son respect filial et son attachement sans bornes pour l'Eglise et son chef suprême le Souverain-Pontife, par ses émotions et ses tressaillements à la vue des grandes cérémonies du culte sacré. Avec quel contentement, quelle jubilation de son âme il voyait la foule se presser dans les nefs trop étroites de Saint-Jacques! Il aurait voulu dilater immensément cette enceinte pour que tous pussent y venir participer aux solennités. Et dans les processions de la Fête-Dieu, alors que les multitudes recueillies avaient fait à l'Eucharistie un cortége triomphal, oh! comme il était heureux de ces manifestations, de ces enthousiasmes! C'est beau! c'est beau! s'écriait-il, et des larmes d'attendrissement et de joie coulaient sur son visage. Mais il savait aussi, dans l'occasion, s'opposer avec énergie et inflexibilité à la publique ostension de ces cérémonies quand elles lui semblaient pouvoir amener des désordres ou des scènes regrettables. Il nous vient en mémoire que, à une époque où l'autorité administrative ne dépensait pas toutes ses sympathies au profit de la religion et du culte public, défense fut faite au clergé de notre ville de faire les processions des *Rogations*... L'autorité craignait, peut-être, que ces processions ne devinssent une occasion ou un prétexte d'agitation et de trouble. — La nouvelle de cette défense se répandit comme une traînée de poudre... Des hommes du peuple, des ouvriers guidés par un zèle exagéré, croyant voir dans cette prohibition une atteinte à leurs droits de chrétiens, se rendirent tumultueusement à l'église, dès le matin de la première journée... Là ils voulurent contraindre le clergé à faire la procession... Le curé invita la multitude à se calmer, à se modérer, à écouter la voix de la raison..., il allégua la défense, le respect dû à l'autorité... Le tumulte redoubla, et quelques-uns se dirigèrent vers la sacristie, pour y prendre la croix, et entraîner le clergé avec la multitude. Mais le pasteur, de sa voix vibrante et sonore, s'écria: « Vous ne sortirez de l'église qu'en passant sur mon corps! » et il s'étendit sur le seuil. L'agitation tomba comme par enchantement. Ramenée à la raison, au calme, par cet acte de fermeté, la foule s'écoula promptement comme une pluie d'orage. Le lendemain, l'interdit administratif était levé..., et les deux dernières processions se firent avec un concours prodigieux de monde et un enthousiasme sans égal.

Sa piété était tendre, sa dévotion admirable: il aimait surtout Jésus-Christ dans l'Eucharistie. Souvent, à la veille des grandes fêtes, après avoir confessé *ses hommes*, il restait une grande partie de la nuit, comme un Thomas d'Aquin, prosterné devant le tabernacle, et là, s'entretenant avec son Dieu, lui envoyant tout son cœur, il recevait en échange les communications divines, les traits de cet amour, ardent qu'il versait ensuite à flots embrasés sur son auditoire. Car sa piété était communicative. Oh! combien de fois a-t-il répété à ses ouailles : « Je voudrais vous donner de l'abondance de mon cœur pour que vous aimassiez Dieu, non pas comme il mérite de l'être, c'est impossible, mais comme vous pouvez l'aimer! » ou comme saint Augustin à son cher peuple d'Hyppone : « Mes frères, je voudrais bien me sauver, mais je ne voudrais pas me sauver sans vous! » Aussi, qu'il en a ramené d'âmes égarées, qu'il en a tiré de l'abîme de pécheurs endurcis, qu'il en a fait vivre de la vie de la grâce et de la lumière de morts ensevelis dans les ténèbres et la corruption!

Son humilité était profonde. Tout autre que lui eut pu tirer vanité de ses talents, de ses succès, nous dirons même de ses triomphes. Lui n'y pensa jamais. Il demandait volontiers des conseils à ceux à qui il aurait pu en donner. Quand il reçut les insignes de chevalier de la Légion-d'Honneur, lui seul s'étonna d'une distinction qui était venu le chercher sans qu'il la sollicitât, sans qu'il l'ambitionnât, sans qu'il y songeât. Et après la consécration de Notre-Dame, quand Monseigneur l'évêque lui offrit, en notre présence, le titre de curé de cette importante paroisse, il refusa modestement, se disant trop vieux et trop infirme pour une si lourde charge, et alléguant son attachement inviolable pour cette vieille épouse, disait-il dans son langage figuré et pittoresque, à laquelle il était indissolublement uni. Admirateur bienveillant du mérite d'autrui, il comptait le sien pour rien.

Il avait pris pour devise : prudence, bienveillance, modération et conciliation, ce qui se résume encore par le mot sublime *charité*. En chaire, point d'attaques imprudentes, point d'irritantes agressions, point de personnalités vaines. Il savait que les esprits et les cœurs se ferment quand la vérité veut se faire de la violence un auxiliaire. Quand il traitait les matières de la foi, il prêchait le dogme, affirmait la doctrine sans prendre à partie les personnes. Il voyait parfois quelques ministres de la religion réformée et s'entretenait avec eux sans aborder la controverse et restant dans les termes d'une politesse de bon ton, suivant en cela les traditions et l'exemple de M. Lasserre, un de ses prédécesseurs, de douce et sainte mémoire, qui fut, pendant tout le temps de son ministère à Bergerac, en relation d'estime et de bienveillance réciproque avec M. Allard, qui a laissé une réputation d'aménité, de probité qui dure encore de nos jours. Aussi, dans une ville où les deux cultes sont en présence et se coudoient pour ainsi dire, jamais de ces rixes déplorables, de ces regrettables collisions qui ont contristé d'autres localités. L'on nous affirme, à l'instant même, qu'un pasteur protestant, haut placé dans l'opinion par les qualités de son esprit et de son cœur, a fait de notre vénérable curé, du haut de la chaire, un éloge éloquent, contre lequel, croyons-nous, personne, dans son auditoire ému et attendri, n'a été tenté de protester.

IV.

Il nous faut parler de son éloquence, car nul plus que le curé de Bergerac n'a mérité le titre d'homme éloquent, dans la plus haute acception du terme. L'éloquence est un des leviers qui ont le plus d'empire et de puissance pour soulever les masses, et Dieu l'accorde dans diverses mesures à ceux qu'il veut faire les instruments merveilleux de ses opérations dans les consciences, à ceux qu'il a prédisposés à la régénération d'une cité ou d'un pays. Cette éloquence, elle a été connue, appréciée, louée de tout le diocèse, et nous ne serons jamais qu'un faible écho de l'opinion populaire et de l'appréciation des personnes les plus compétentes dans ces matières, lors même que nous semblerons approcher de l'exagération et de l'enthousiasme. Cette éloquence est une grande partie de sa gloire, car l'éloquence est un don, et il en fit une vertu. Cette éloquence est aussi le patrimoine du pays, et voilà pouquoi nous nous croyons autorisé à en parler avec quelques détails.

M. Macerouze, nous pouvons le proclamer hardiment, fut un des hommes les plus éloquents de son époque, quoique dans une sphère bien restreinte. Qu'on mette en avant les grands noms des Frayssinous, des Lacordaire, des Ravignan, des Cœur, des Combalot, des Félix, nous répéterons dans la conviction de notre âme (nous avons pu comparer), qu'il a égalé, surpassé même la plupart de ces talents supérieurs. Et nous mettons en fait que si, dans le moment de la plénitude de ses forces oratoires, il avait occupé la chaire de Notre-Dame, certes il n'aurait été inférieur à aucun de ceux que nous avons nommés. Qui ne l'a pas entendu à cette époque, ne pourrait le juger sans témérité.

Il avait reçu de la Providence tout ce qui constitue, tout ce qui complète un orateur : port noble et gracieux, gestes faciles, naturels, mais saisissants et toujours expressifs ; voix tour à tour douce et sympathique, vibrante, passionnée, ardente, vous remuant jusqu'au fond des entrailles ; facilité d'élocution merveilleuse, prodigieuse, style lumineux, fleuri, plein d'images gracieuses ou pittoresques, et toujours, — chose rare chez un homme qui improvise, — d'une rectitude, d'une correction inattaquables. Mais c'est surtout par le cœur qu'il dominait son auditoire. Si, comme l'a dit un ancien, c'est le cœur qui fait l'éloquence, il fut éloquent entre tous..... Il aimait son peuple, et de quel amour ! Il voulait aussi être aimé et se montrait jaloux de l'affection générale. Et de cette affection qu'il lui était si facile de gagner, il en usait pour pousser tout, conduire tout, entraîner tout à Dieu ! Et dans les dernières années de sa vie, alors que le cercle de ses idées s'était retréci, c'est encore par les élans du cœur qu'il brillait.

Qu'il était beau dans ces élans passionnés du cœur qui captivaient les multitudes et les transportaient d'admiration ! Qu'il était grand dans ses considérations quelquefois du domaine de la métaphysique et du surnaturel, mais où il était toujours clair, précis et lumineux ! Non, on ne saurait se faire une idée de l'empire qu'a exercé cet homme, pendant une longue période, sur ses concitoyens, de l'impulsion qu'il a communiquée à tout le Périgord, au point de vue de la transformation, de la régénération religieuse ; car, s'il a activé la foi, nourri les saintes pensées, ramené à la pratique fréquente des sacrements, il a, plus que personne, aidé à extirper les vieux restes du Jansénisme, profondément enracinés alors dans notre diocèse.

Nous avons été, dès l'origine, le témoin de ses triomphes oratoires, pourquoi ne pas dire le vrai mot ? Notre âme jeune et impressionnable s'ouvrait alors à ces irradiations de la pensée et du sentiment, comme la jeune plante s'ouvre aux rayons d'un soleil embrasé ; et nos souvenirs sont restés vivaces, impérissables. Il a pour nous réalisé presque cet idéal de la perfection que chacun se forme dans la profondeur de son âme, et qui est le type au-delà duquel n'atteint pas la puissance humaine !

Dès le début de son ministère pastoral, le jeune curé s'assura un empire, une domination sur son auditoire qui, chaque jour, devenait plus nombreux, se montrait plus empressé. Un jour de la fête de tous les saints, à Vêpres, l'orateur étant monté en chaire, peignit avec des couleurs si vives et si saisissantes le bonheur des élus, il fit un tableau si ravissant des joies des habitants du ciel, des douces extases de l'amour, des fêtes si merveilleuses de l'Eglise triomphante, des ravissements perpétuels, des allégresses infinies des saints, enivrés qu'ils sont du torrent des voluptés divines.... que l'assemblée tout entière, mue par un mouvement indescriptible d'admiration, se leva spontanément, et qu'un long murmure, tempéré par le respect du lieu saint, remplit l'enceinte du temple. — Et un jour de la commémoration des morts, le lendemain, peut-être, de ce même jour, il fit une peinture si touchante des peines et des souffrances des âmes séparées de leur Créateur, exilées pour un temps encore de sa présence divine ; il parla avec une émotion si vraie, une onction si pénétrante, de tels accents de déchirantes angoisses, que tous les cœurs éclatèrent..... L'auditoire fondait en larmes, et l'orateur, interrompu par les sanglots et les gémissements de la foule, fut obligé de suspendre son discours.

Sarlat, la ville du Moyen-Age, aux habitants de laquelle, par une tradition constante, est acquise la réputation méritée d'un esprit fin et délicat, perfectionné par la culture des lettres, Sarlat eut l'avantage de l'entendre dans cette phase de son talent, à l'occasion du grand Jubilé (1826), et le souvenir de son éloquence entraînante s'y est conservé et s'y conservera bien longtemps encore.

Il fut appelé aussi à prêcher une grande retraite dans la ville épiscopale. Périgueux renfermait alors comme aujourd'hui une société d'élite avide de grandes émotions, des talents distingués, de belles intelligences. La réputation de M. Maccrouze l'avait précédé. Certes nous n'affirmerons pas que tous ceux qui allèrent l'entendre fussent poussés par un motif surnaturel.... La curiosité avait, sans doute, grossi la foule compacte qui se pressa, dès le début, dans l'enceinte de la monumentale basilique. Mais nous pouvons certifier que bien des cœurs furent touchés, que bien des âmes furent subjuguées et ramenées à Dieu par le jeune apôtre. Tous les soirs, bien avant l'heure du sermon, les vastes nefs de la cathédrale étaient encombrées d'une foule empressée et tumultueuse. Quand apparaissait l'orateur, un silence immense se faisait, chacun retenant son haleine.... et lui, avec cette voix sympathique et puissante qui remplissait le vieil édifice, il captivait, pendant des heures entières, tous les esprits et tous les cœurs. Il traita dans une suite de conférences pleines de sève juvénile et nourries de la substance des divines Ecritures et des Pères de l'Eglise, les vérités saintes de la religion, avec une supériorité éclatante, une puissance magistrale.

Les professeurs du collége n'étaient pas les moins empressés, les moins assidus à ces enseignements. En rendant hommage à cette belle intelligence, à cette éloquence indiscutable, aux résultats obtenus, ils doutaient encore sur un point : Cette facilité apparente n'était-elle pas un effort de mémoire ? Ces beaux discours n'étaient-ils pas écrits, élaborés ? Le style pouvait-il atteindre cette perfection sans le travail patient et les retouches minutieuses ? Ses considérations pouvaient-elles atteindre cette hauteur du premier jet, du premier élan ? Interprète des inspirations et de la pensée d'autrui, l'orateur ne pouvait-il se faire un trophée de la gloire de ses devanciers ? Ne pouvait-il moissonner une récolte qu'il n'avait point semée ? Car il est vaste et fertile ce champ de l'éloquence sacrée, et ces messieurs ne se flattaient pas d'en avoir mesuré toute l'étendue, d'en connaître toutes les productions ! Un soir donc, sans aucune pensée de malveillance, sans aucun parti-pris de malice, voulant tenter une épreuve, lui faisant tout oublier par leur amabilité et leurs intéressantes causeries, ils le retinrent jusqu'à l'heure extrême, jusqu'au dernier moment, et.... lui proposèrent, à l'instant même où il allait monter en chaire, un sujet sur lequel ils s'étaient entendus et qu'ils le prièrent de traiter. Lui, avec une bonhomie qui excluait de sa part toute idée d'ostentation ou de vanité, comme toute appréhension, se rendit à leurs vœux, et, ce soir-là, fut plus beau, plus grand, plus admirable que jamais. Ces détails, nous les tenons de quelques-uns de ceux mêmes qui l'avaient soumis à l'épreuve.

Nous rappelions ces circonstances à notre vénéré pasteur, il y a moins d'un an encore. Il sourit complaisamment à ces images de la vie passée, rectifia quelques détails, combla quelques lacunes, et resta un moment recueilli et absorbé dans la contemplation de ces scènes lointaines ; non qu'il trouvât là un motif de se glorifier, cette pensée est bien loin de nous ! Mais quel est celui qui, à l'époque de la décadence, n'aime à porter un regard rétrospectif et mélancolique sur ses jeunes et puissantes années pour revivre quelques instants de la vie des souvenirs !

Pendant les derniers temps de son ministère pastoral, il avait, dans ses prédications, adopté un genre plus familier que nous nommerions volontiers le genre paternel ou *patriarcal*, plein d'abandon et de laisser-aller. Il confiait à son cœur la direction de ses idées. Avec son peuple, avec ses enfants bien-aimés, pourquoi la gêne et l'apparat ? Lorsqu'il se rendait dans les paroisses rurales environnantes, pour une première communion ou toute autre solennité religieuse, il mêlait aux images naïves et aux comparaisons qu'il prenait volontiers dans la vie des champs, quelques grains d'une gaîté saine dont il employait le condiment, — estimant que ces natures simples et candides des habitants des campagnes sont plus fortement impressionnées, plus facilement attirées par des tableaux familiers à leur intelligence que par les preuves de la science et les entraînements de la dialectique. Souvent néanmoins, dans cette période de décroissance relative, il trouvait de ces élans, de ces éclats qui rappelaient ses beaux jours; comme ces arbres qui, dans l'arrière saison de l'année, se parent encore de quelques fleurs. Et si quelqu'un se fût trouvé là qui ne l'eût jamais entendu, il n'aurait pu qu'admirer, car nous qui l'avions suivi dans toutes ses phases et ses transformations successives, si nous pouvons ainsi parler, et qui nous rémémorions son temps de puissance oratoire, nous ne le jugions inférieur que relativement et par comparaison avec lui-même.

De ce reverdissement momentané des pleines facultés de l'esprit, (car jamais le cœur ne lui fit défaut), nous citerons un exemple :

Il n'y a pas longtemps encore, (il y aura deux ans au 6 du mois de mars prochain), nous allâmes ensemble chez notre ami commun, le curé de St-Alvère ; il devait prêcher dans l'église paroissiale, à l'occasion de l'adoration perpétuelle. Là, il parla de l'institution, de l'essence, des effets de l'Eucharistie, pendant une heure un quart, avec une abondance, une solidité, une verve, une éloquence qui émurent tout l'auditoire et le transportèrent d'admiration. Ce fut avec un à-propos charmant qu'il compara l'âme qui se prépare à la réception du sacrement adorable et qui se pare pour la circonstance, à cette belle et riche vallée de la Luire, qui, touchée par les premières haleines d'un printemps précoce, se couvrait déjà de verdure et de fleurs !.... Tout le monde se retira enchanté, édifié, admirant les ressources d'une imagination encore si fraîche et si suave.

Si nous nous sommes si longuement et complaisamment étendu sur l'éloquence du pasteur regretté (que de choses pourtant nous resteraient encore à dire !) c'est qu'elle a été comme le trait caractéristique et distinctif de cette vie si bien remplie; c'est qu'elle a été, comme nous l'avons vu, toute employée au service de Celui qui l'avait donnée et qui a dû dire à l'ouvrier infatigable, en le recevant au seuil de l'éternelle demeure : « Bien ! serviteur bon et fidèle..... Entre dans la joie de ton Seigneur ! »

V.

Nous touchons à ses dernières années et à la catastrophe qui a privé une famille de son père, une paroisse de son pasteur, un peuple de son guide et de son ami. Mais avant d'en venir à ces tristes détails, nous voulons encore ajouter quelques traits au tableau qui, s'il ne nous donne de la personne vénérée qu'une idée bien affaiblie et bien incomplète, aura, comme ces images des ancêtres tracées par une main malhabile, le mérite d'en rappeler le souvenir.

Dieu, dont les voies sont impénétrables et dont les *jugements droits se justifient par eux-mêmes;* Dieu, qui voulait d'ailleurs augmenter la gloire de son ministre, dans le ciel, en augmentant ses mérites sur la terre, l'éprouva, sur la fin de sa carrière, par les souffrances de l'âme et du corps. C'est avec un courage héroïque, une patience admirable qu'il supporta le poids de ses infirmités et de ses douleurs physiques, qu'il dissimulait de son mieux, et dont bien peu de personnes eurent le secret; c'est avec une résignation, une soumission, un calme sans pareils qu'il accepta les amertumes d'autant plus sensibles à son cœur, qu'elles lui vinrent souvent des personnes qu'il avait le plus aimées. Ame sans rancune, sans aigreur et sans fiel, il pardonna, excusa même de son mieux ceux qui lui versaient la coupe d'amertume, les jugeant inconscients du mal qu'ils lui faisaient. Sa belle âme n'a jamais eu de place pour la haine, et si l'on peut signaler de loin en loin une vivacité, un mouvement d'impatience, nous les comparerons à ces nuages légers et fugitifs qui voilent quelques instants la face d'un jour lumineux. Mais qu'il eut d'amour! d'abord pour sa grande famille selon la foi, pour sa famille selon la chair, et pour ses frères dans le sacerdoce. Pour sa grande famille selon la grâce, nous l'avons vu, il avait dévoué sa vie entière, et sa mort n'a été que la suite fatale de ce travail incessant et continu qui a usé ses forces avant l'heure. — Pour sa famille selon la chair, il l'aimait pleinement, chrétiennement, saintement. « Que peut-il y avoir pour un frère de plus cher qu'un frère? » a dit un auteur païen. Le christianisme a relié par des liens plus doux, plus tendres, plus intimes, tous les membres d'une même famille. Aussi ses parents étaient-ils pour lui l'objet d'une vive affection. La dernière visite qu'il a faite à son frère aîné, malgré l'état déplorable de sa santé, visite pieuse dont il ne se dispensait jamais, chaque année, à pareille époque, en est la preuve manifeste. Il leur a laissé très-peu, rien pour ainsi dire, de ces biens de la terre qu'il n'estimait guère, mais il leur a laissé un plus précieux héritage, le souvenir de sa vie et le parfum de ses vertus. — Il aimait cordialement ses frères dans le sacerdoce ; à tous il trouvait des mérites parfaits, des talents remarquables. Lui qui aurait eu le droit d'être si exigeant, il était d'une excessive indulgence pour les autres. Nous n'apprendrons rien à personne en disant qu'après chaque station de l'Avent ou du Carême, des Retraites ou du mois de Marie, que le prédicateur eût été éloquent ou médiocre, (car on conviendra que si la parole de Dieu est belle et grande en elle-même, la manière de l'annoncer renferme une infinité de degrés), il avait toujours pour eux des compliments et des éloges. Et certes on pouvait croire qu'il parlait alors avec la plus entière conviction, car il ne les jugeait pas autrement dans l'intimité. — Il était surtout plein de bonté, d'aménité, de bienveillance pour la jeune génération sacerdotale, car il voyait en eux les remplaçants et les successeurs de ceux dont les rangs se dégarnissent. A la solennité de l'Adoration perpétuelle de la Madeleine, le 27 décembre dernier, s'adressant à M l'abbé Castaillac, préfet des études du Petit Séminaire de Bergerac, jeune homme d'une grande valeur intellectuelle, mais d'une santé délicate : « Et vous, lui dit-il, mon cher fils, restez longtemps dans l'Eglise militante ! » Etait-ce un pressentiment qu'il serait lui-même appelé sitôt dans les rangs de l'Eglise triomphante? Car quinze jours après, jour pour jour, il se coucha pour ne plus se relever.

Le 10 janvier, il avait voulu aller à Tuilières, comme nous venons de le dire, visiter son frère bien-aimé, malgré l'insistance de ceux qui, le voyant si souffrant, voulaient s'y opposer. Le matin même, en célébrant la sainte messe il avait eu une faiblesse. « Il faut que j'y aille, » leur avait-il dit. Il sentait, sans doute, que ce serait la dernière visite qu'il ferait à cette maison paternelle qui avait vu son enfance insoucieuse et riante, et qui lui avait toujours été si chère!... Le bon et estimé docteur, voyant l'état alarmant de son frère, l'avait blâmé d'avoir entrepris ce voyage.... Rentré le soir avec peine, il s'alita.... La maladie, qui avait déjà fait chez lui de profonds ravages, prit un caractère inquiétant.... la mort était là. Le 11, il reçut, des mains de M. l'abbé Sagette, auquel il s'était confessé, les sacrements d'Eucharistie et d'Extrême-Onction, avec une foi vive et une piété angélique. Le lendemain matin, vers les dix heures, il expirait dans la paix et rendait à Dieu sa belle âme.

Le retentissement de cette mort, à laquelle on n'était pas préparé, car la plupart ignoraient la maladie ou la croyaient peu grave, répandit la consternation dans la ville. On s'abordait en se redisant la fatale nouvelle. La douleur et la désolation étaient dans toutes les âmes, la tristesse sur tous les visages, les larmes dans tous les yeux. C'était un deuil public, général, immense. La foule se précipita à la maison mortuaire : chacun voulait voir encore une fois ce père bien-aimé, saisi par la mort, cette face vénérable où resplendissaient le calme et la sérénité du juste endormi dans le Seigneur.

Monseigneur l'évêque, dans une touchante lettre écrite de Rome, où il est retenu par le concile, a uni ses regrets aux regrets de tout un peuple, et des prêtres vénérables nous ont écrit qu'ils avaient versé des larmes amères en recevant la triste nouvelle de cette mort.

VI.

Le surlendemain, 14 janvier, eurent lieu les funérailles, funérailles dignes d'un tel pasteur, car tous les rangs y étaient confondus, toute la population de la ville et des lieux environnants s'y pressait.... Quatre-vingts prêtres y assistaient en habit de chœur, et bien d'autres encore s'y seraient rendus si la nouvelle eût pu se propager et s'étendre à une plus grande distance. M. l'abbé de St-Exupéry, vicaire-général, présida la cérémonie funèbre. M. l'abbé Bernaret mit son talent au service de celui qu'il avait apprécié et aimé comme il le méritait si bien ; et, dans une remarquable oraison funèbre, paya un juste tribut d'éloges à cette brillante éloquence, à ce rare mérite, à ces solides vertus, à ce zèle, à cette piété dont le tableau fut esquissé à grands traits, et dont nous aurions voulu garder un souvenir exact pour le reproduire, sachant bien que nous aurions alors raconté plus dignement cette belle vie.

Et maintenant, ô notre guide, notre pasteur, notre père, nous ne vous avons pas dit adieu, mais au revoir! Vous dormirez votre sommeil de la tombe, dans cette église si bien restaurée par vos soins, sous ces voûtes que vous fîtes si longtemps retentir de votre voix inspirée, au milieu de ce peuple que vous avez tant aimé! Mais votre rôle n'est pas fini; votre mission dure encore : votre appui, votre affection, votre protection paternelle nous sont plus que jamais nécessaires. Votre âme, du haut du ciel, planera sur l'assemblée des fidèles, sur le troupeau, sur la famille... Vous verrez avec jubilation ces deux paroisses sœurs dont les fidèles ont tous été vos enfants, *marcher ensemble dans l'entente,* vivre dans la paix, dans la concorde, dans l'union, n'ayant de rivalité que pour le service de Dieu, l'accomplissement du devoir, ne formant qu'un cœur et qu'une âme dans les liens de la charité fraternelle, comme il convient aux enfants du même père et du même Dieu... Vous verrez, nous l'espérons, nous le croyons, votre fils de prédilection continuer votre œuvre... ce fils qui sera l'héritier de votre ministère pastoral, comme il est déjà l'héritier de vos vertus apostoliques, de votre piété, de votre zèle, nous allions dire de votre sainteté.

Bergerac.— Imp. Faisandier.

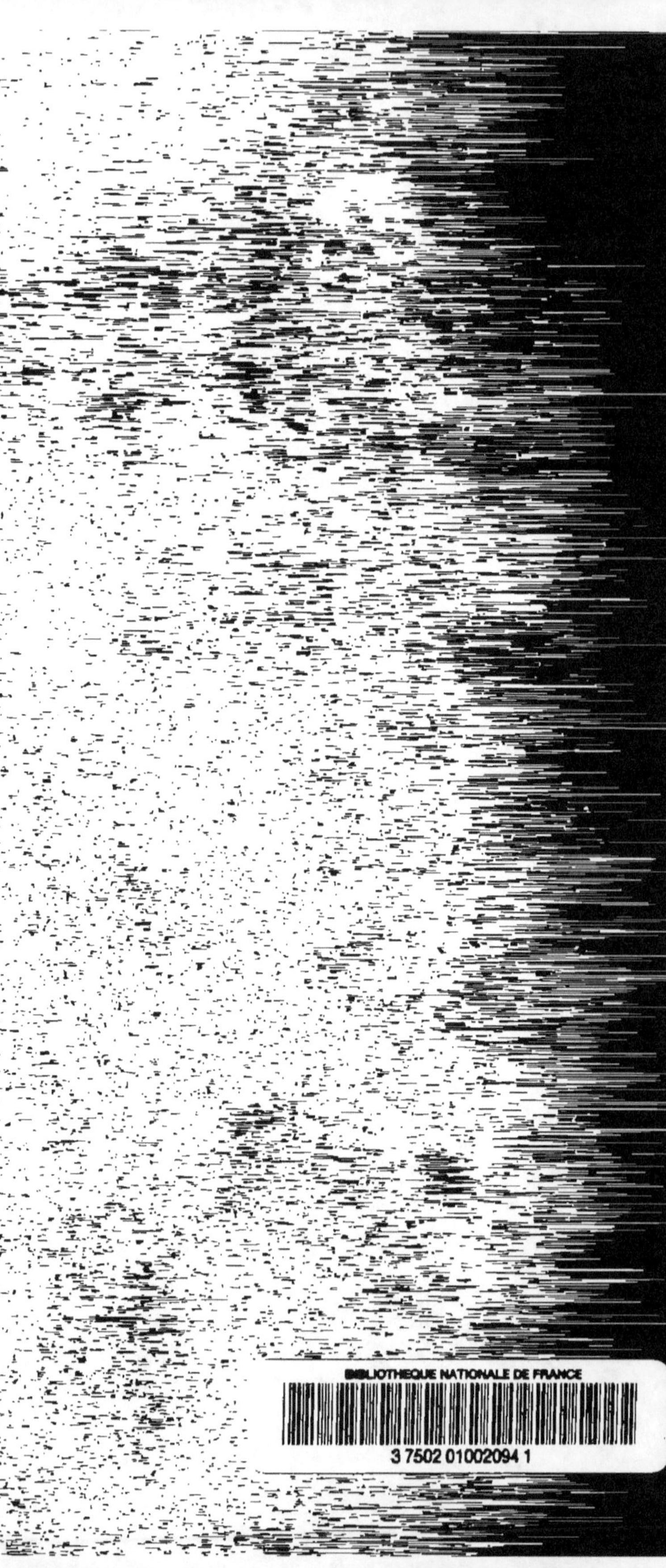

www.ingramcontent.com/pod-product-compliance
Lightning Source LLC
LaVergne TN
LVHW020241230826
846091LV00006B/2220

* 9 7 8 2 0 1 1 7 8 3 1 3 4 *